ORAISON FUNÉBRE

DE TRÈS-HAUTE, TRÈS-PUISSANTE ET TRÈS-EXCELLENTE

PRINCESSE,

MARIE-AMÉLIE DE SAXE,

REINE D'ESPAGNE;

Prononcée dans l'Eglise de Paris, le 9 Juillet 1761,

Par Messire ARMAND DE ROQUELAURE,
Evéque de Senlis.

A PARIS,

Chez AUGUSTIN-MARTIN LOTTIN, l'aîné, Libraire
& Imprimeur de Monseigneur le Duc de BERRY,
rue S. Jacques, près S. Yves, au Coq.

MDCCLXI.

AVEC APPROBATION ET PERMISSION.

ORAISON FUNÉBRE

DE

MARIE-AMÉLIE DE SAXE,

REINE D'ESPAGNE.

Juſtorum autem ſemita, quaſi lux ſplendens, procedit & creſcit uſque ad perfeĉtam diem.

Les traces lumineuſes, dont eſt marquée la route des Juſtes, ſemblables d'abord à l'Aurore, redoublent ſans ceſſe leur éclat, juſqu'au grand jour de l'Eternité. (*Au Livre des Proverbes , Ch. 4 , v. 18*).

MONSEIGNEUR*,

* Monſeigneur
LE DAUPHIN.

IL ÉTOIT réſervé à la Religion, qui devoit donner à l'Homme la plus grande idée de la Sageſſe,

A ij

de l'exprimer en même - temps par les images les plus sublimes. Que l'on compare le langage de l'Ecriture à celui de la Raison humaine, la Philosophie la plus superbe sera contrainte d'avouer son insuffisance; & l'Ame fidéle, instruite que ces traits nobles & énergiques sont empruntés de la Divinité même, y reconnoîtra avec plaisir son caractère & son empreinte. Mais, tandis que la Religion nous présente un Tableau si magnifique de la Justice Chrétienne, qu'il est rare de rencontrer des hommes qui retracent ce modéle si auguste dans leur conduite & dans leurs mœurs! Au milieu des grandeurs & des prospérités du siécle, dans le sein de la pauvreté & de la misère, qu'on oublie aisément le Seigneur! Les uns l'irritent par leur insensibilité, leur mollesse, leur orgueil ; les autres l'offensent par leur lâcheté, leurs murmures : ceux-ci, entraînés par la fougue des passions, enchaînés par l'habitude, meurent enfin dans l'impénitence, ou le désespoir : ceux-là, effrayés à la vue du glaive de la Justice dans la main d'un Dieu vengeur, osent lui offrir les restes d'une vieillesse languissante, pour expier des jours sans nombre, consumés dans le Crime.

Pour venger l'honneur de son culte profané par tant de coupables, le Ciel donne de temps en temps à la terre des Ames héroïques , qui , fur-montant les obſtacles dont elles ſont environnées , marchent d'un pas ferme & aſſuré dans les ſentiers de la Juſtice. Pour faire éclater ſa gloire , & pour ſignaler leur courage , Dieu les éprouve par le feu des tribulations ; il les envoie au milieu de la fournaiſe ; que dis-je ? il les fait aſſeoir ſur le Trône ! C'eſt-là que l'Univers les contemple donnant le grand & rare ſpectacle de l'union de toutes les vertus naturelles , embellies & épurées par la Religion.

Jamais votre Providence , ô mon Dieu , n'a prodigué davantage ces magnifiques exemples & ces ſublimes leçons. Dans ces jours malheureux , où les ennemis de votre Nom ſemblent avoir conjuré la ruine du Sanctuaire , vous faites briller les prodiges de la Foi la plus vive ſur les têtes les plus auguſtes. Une année s'eſt à peine écoulée , depuis que cette Chaire a retenti des louanges ſi juſtes , données à la Piété conſtante de deux Époux couronnés ; & le ſaint Miniſtère , que j'exerce aujourd'hui , me fournit encore l'occaſion d'offrir à vos yeux les mêmes merveilles , en faiſant l'éloge de Très-Haute , Très-Puissante , & Très-Excellente Princesse , MARIE-AMÉLIE DE SAXE, Reine d'Espagne.

Vous verrez , Meſſieurs , une Héroïne Chrétienne , dont les vertus , croiſſant toujours avec les
années , ont marqué , par de nouveaux ſuccès , tous
les pas de ſa carrière. Dès ſa plus tendre jeuneſſe , elle
a donné les eſpérances les plus heureuſes ; & , ſem-
blable à la brillante Aurore , elle a annoncé les plus
beaux jours : *Quaſi lux ſplendens.* Auſſi-tôt qu'elle
fut parvenue au comble des grandeurs humaines ,
l'égalité conſtante de ſes mœurs , une raiſon plus
mûre , des ſentimens plus fermes & plus élevés ,
juſtifièrent ſes progrès : *Procedit & creſcit.* Enfin ,
avant que d'arriver à ce terme fatal qui a mis le
ſceau véritable à ſa grandeur , & qui a coûté tant
de larmes à deux Royaumes , elle a montré , au
milieu des plus grandes épreuves , cette abondance
de vertus , cette plénitude de force & de ſageſſe
qui forme le caractère diſtinctif des Héros de la
Religion : en un mot AMÉLIE , dans les différens
états où la main du Seigneur l'a placée , par les
préſages les plus heureux , par les progrès les plus
marqués , par les fruits d'une ſageſſe conſommée ,
a vérifié ces paroles de mon Texte : *Quaſi lux
ſplendens , procedit & creſcit uſque ad perfectam
diem.*

Puiſſe , Meſſieurs , le récit de quelques actions
d'une vie toute Chrétienne , vous enflammer de la

fainte ambition de cueillir vous-mêmes les pal-
mes glorieufes qui la couronnent aujourd'hui !
Puiffiez-vous du moins, en voyant moiffonner à la
fleur de fon âge, une des plus grandes Princeffes
de l'Univers, être faifis de cette crainte falutaire qui
opère le falut, & vous convaincre enfin pour toujours, que le Monde, fes grandeurs & fes plaifirs
ne font qu'une ombre vaine, & que Dieu feul eft
grand & immuable !

PREMIERE PARTIE.

LE BONHEUR de l'Homme eft fi intimement
attaché à fon refpect pour fes Maîtres, qu'il femble
difpofé, par la Nature même, à rendre aux Princes
les hommages que la Religion leur affure. On ne
peut envifager les Rois, fans être pénétré d'un fentiment d'admiration ; &, fi la douceur & la bonté
tempèrent l'éclat de la majefté qui nous éblouit, la
préfence feule du Monarque infpire à tous les Sujets la vénération & l'amour. Mais, en examinant
avec foin combien nous fommes prévenus en fa-
veur des Enfans des Rois, nous découvrirons d'une
manière encore plus fenfible, cette difpofition fi
fage de la Nature. A peine ces auguftes enfans

laiſſent-ils entrevoir les premiers rayons d'une raiſon naiſſante ; à peine appercevons-nous en eux quelques foibles étincelles de droiture & d'humanité ; alors nous nous abandonnons, ſans réſerve, au penchant ſecret qui nous entraîne : l'action la plus ſimple, un geſte, un mot qui leur échappe au hazard, réveille en nous les plus douces eſpérances : nous jouiſſons déja de l'avenir le plus heureux, & nos yeux enchantés métamorphoſent tout en prodiges.

Si je n'avois à vous offrir, Meſſieurs, dans les premières années de la Reine d'Eſpagne, que de ces lueurs imparfaites, de ces marques équivoques d'un naturel heureux, que le préjugé interpréte à ſon gré, que la flatterie répand avec complaiſance, que la crédulité adopte ſans examen, & que l'expérience ne confirme pas toujours, j'irois chercher dans un âge plus avancé, une matière plus digne de votre attention & de nos éloges : mais comme, les ténébres de l'enfance à peine diſſipées, on apperçut dans la jeune Princeſſe de Saxe, des ſignes éclatans de ſa future grandeur, je ne craindrai point d'expoſer à vos yeux des conjectures que le bonheur de deux Peuples a changées en certitude.

Que

Que l'on remarque dans un enfant un esprit
sérieux sans tristesse, vif sans emportement ; une
imagination brillante & féconde ; un désir insatia-
ble de connoître & d'apprendre ; une docilité aveu-
gle pour ses Maîtres ; l'affection la plus respectueuse
& la plus tendre pour les auteurs de ses jours ; des
inclinations douces & bienfaisantes ; enfin quelques mouvemens subits & imprévus d'une Ame
noble & élevée ; nous conclurons, sans balancer,
que cet enfant doit faire les délices de sa Maison,
& l'honneur de sa Patrie : mais, si des qualités si
rares se trouvent dans un Prince que la grandeur
de sa naissance semble avoir désigné pour occuper
un Trône, quel préjugé plus certain de la félicité des Peuples qui doivent un jour obéir à ses
Loix !.... En traçant le tableau d'un jeune Prince
accompli, je sens que je renouvelle dans tous les
cœurs la plaie vive & profonde que le temps n'a
pû encore fermer. .... Détournons nos regards
de cette image douloureuse, & n'augmentons point
la source de nos regrets.

AMÉLIE, qui avoit reçu de la Nature un sang
mêlé de tout temps avec celui des Empereurs &
des Rois, se promit bien-tôt l'avenir le plus glorieux ; soit qu'elle fondât ses espérances sur la ten-
dresse paternelle, dont elle avoit été le premier

objet ; soit par une suite de ce pressentiment secret, qui avertit presque toujours les grandes Ames des faveurs distinguées que le Ciel leur réserve ; elle comprit qu'elle devoit se préparer à remplir un jour dignement une de ces Places augustes & brillantes, toujours enviées parmi les hommes. Si la noblesse de ses sentimens n'avoit pas répondu à la grandeur de ses idées, quel désordre n'auroit pas occasionné en elle une prévention si forte, & que tant de motifs rendoient si vraisemblable ?

L'écueil le plus ordinaire de l'éducation des Grands, c'est qu'ils sont instruits trop tôt, que la plûpart des avantages qui excitent l'émulation, leur appartiendront comme des priviléges de leur naissance, & non pas comme des récompenses destinées à leurs travaux. S'il est rare de les voir justifier par eux - mêmes les hommages rendus à leur rang, n'en cherchons point d'autre cause : ils reçoivent en naissant, tous les dons qui flattent l'orgueil & contentent l'amour-propre. Où trouver des motifs assez puissans pour les engager à ac- quérir, par de pénibles efforts, ces connoissances profondes, ces talens distingués, ces qualités hé- roïques qui , soit dans le tumulte des Armes, soit dans le calme de la Paix, les rendroient si utiles à la Patrie ? Je le sçais, Messieurs , & l'expérience de tous les temps l'a confirmé; il eſt des Grands qui, libres du préjugé dont les yeux du Vulgaire ſont éblouis, voient écrite, dans les titres mêmes de leur naiſſance, une obligation plus étroite d'imiter les vertus de leurs Ayeux: convaincus que la véritable grandeur conſiſte à rendre à l'Etat des ſervices ſignalés, & à jouir de l'eſtime publique, ils mettent tout en uſage pour la mériter; elle ſeule anime leur ambition, comme elle doit ſeule fixer leurs déſirs: mais ce ſentiment ſi juſte, ce diſcernement ſi ſage, pourroit-il ſe rencontrer dans la jeuneſſe, ce temps d'erreurs & d'illuſions, tandis que nous voyons tous les jours des hommes, même dans un âge avancé, confondre ſi aiſément la fauſſe gloire avec la véritable? Fiers de quelques vaines décorations qu'ils ne doivent qu'à la brigue ou à l'artifice, ils jouiroient de la ſécurité la plus profonde, ſi le murmure public ne venoit troubler leur yvreſſe, & leur apprendre enfin que des honneurs uſurpés nous couvrent d'une honte réelle.

Quelle eſtime ne devons-nous donc pas accorder à une jeune Princeſſe qui, perſuadée que la main de la Fortune viendroit un jour la couronner, même dans le ſein d'une indolente & molle oiſiveté, ſacrifie ſans peine les plus doux amufemens de l'enfance, au défir de s'inftruire ; qui, trouvant dans les obftacles mêmes, un nouvel aiguillon à fon courage, s'éléve au-deffus de la foibleffe de fon fexe & de fon âge, fe fignale prefque en naiffant, par les efforts les plus illuftres. Quoique la folidité de fon efprit la rendît plus propre aux études férieufes, elle fe prêta fans répugnance, à l'étude des Arts agréables, plus néceffaires qu'on ne penfe, pour charmer nos loifirs, pour adoucir nos peines, pour nous délaffer de nos travaux, & fur-tout, pour nous défendre contre l'ennui : cette maladie cruelle, attachée à la condition des Grands, rendroit dignes de compaffion ces Mortels qu'on envie, fi l'on voyoit à découvert les triftes effets du poifon lent qui les confume & ne leur laiffe que de l'infenfibilité pour les dons les plus précieux de la Nature & de la Fortune. Mais en ornant fon efprit par la culture de ces Sciences aimables, qui prêtent à la Raifon de nouveaux charmes, & facilitent fon triomphe, AMÉLIE rejette avec l'averfion la plus marquée, ces productions frivoles, où les Auteurs n'ont befoin, pour exciter la curiofité & foutenir l'attention, que de faire parler la volupté ou le menfonge. Toute jeune encore, elle ne pouvoit comprendre comment tant d'esprits superficiels & légers perdent les plus beaux jours de la vie à se repaître d'aventures chimériques de Héros imaginaires : ouvrages plus dangereux peut-être à l'esprit qu'ils énervent, qu'au cœur même qu'ils réussissent trop souvent à corrompre. L'étude des Langues, l'Histoire sacrée & profane, la Religion sur-tout, connue & approfondie ; voilà les grands objets qu'elle crut dignes de ses méditations & de ses recherches.

Par l'étude des Langues, je n'entends point ces Langues sçavantes qui, nous faisant remonter jusqu'au berceau du Monde, marquent tous les pas de l'esprit humain, qui tantôt nous humilie par sa foiblesse, & tantôt nous étonne par sa vigueur : le plaisir de contempler, sous les voiles qui les déguisent, ces grands Hommes dont les suffrages éclairés de tous les siécles & de toutes les Nations polies ont consacré la mémoire, auroit pû tenter AMÉLIE : mais on préféra de l'instruire dans les Langues modernes, comme plus proportionnées à son âge, à son sexe & sur-tout aux grandes destinées que le Ciel lui préparoit dans les conseils de sa sagesse. Quelle satisfaction pour ses Maîtres, de la voir, avant l'âge de treize ans, parler & écrire sa Langue maternelle, avec cette facilité, cette élégance, cette précifion, qui font des fignes affurés du jugement le plus fain & du goût le plus exquis ! Quelle agréable furprife pour les Miniftres des Cours de France, d'Efpagne & d'Italie, de pouvoir s'entretenir avec elle, dans la Langue de leur Pays. Une mémoire riche & fidéle, la tranfportoit, fans guide & fans erreur, dans toutes les parties de ce vafte Univers : là, elle s'appliquoit à connoître les Loix, les mœurs, les intérêts des différens Peuples, & le caractère particulier qui les diftingue. Mais quelle impreffion ne faifoit pas fur elle, tant d'actions héroïques qui ont illuftré tous les âges ? Faits mémorables, que l'Hiftoire arrache à l'oubli, en les confignant dans fes immortelles Archives, pour fervir un jour aux Hommes, & fur-tout aux Princes, ou de reproche, ou de modèle.

Pour bien juger des effets furprenans que ces exemples produifoient dans une imagination vive, où tous les grands objets laiffoient la trace la plus profonde, je dois, Meffieurs, vous expofer un fait fingulier, confervé par une tradition fidéle, & qui caractérife trop bien la jeune Princeffe, pour le retrancher de fon éloge. Cette grande Reine que l'Efpagne conferve encore, faifoit admirer depuis long-temps, ce génie si fécond en projets, si habile à les concerter, si actif pour les conduire à un heureux dénouement, si constant & si ferme, qu'elle a dû quelquefois à son courage des succès qu'elle n'eût pas toujours obtenu de la Prudence. La Cour de Dresde, à l'exemple des autres Cours de l'Europe, retentissoit des louanges qu'on accordoit avec plaisir à des qualités si éminentes : on racontoit comment cette Princesse, secondant les vûes de son auguste époux, avoit, dans l'espace de peu d'années, rendu la consistence & la force à un grand Royaume ébranlé par les plus violentes secousses, & ravagé, depuis long-temps, par toutes les horreurs d'une guerre intestine : on disoit qu'elle avoit ramené l'abondance dans ces Climats désolés, fait refleurir les Arts, & ranimé ces germes précieux d'honneur & de bravoure dans une Nation guerrière, mais que des malheurs continuels sembloient avoir abbattue : on ajoutoit enfin que, par cette conduite admirable, elle étoit adorée de ses Sujets ; & que les Nations, jalouses de sa gloire, redoutoient sa politique & respectoient sa puissance. ..... Enchantée de ce récit noble & flatteur, la jeune AMÉLIE, qui comptoit alors sa dixiéme année, ne peut plus contenir le mouvement secret qui l'entraîne, elle s'écrie avec tranfport : *Voilà ce qu'on appelle Régner!*

Vous êtes, fans doute, étonnés, Meffieurs, qu'un âge auffi tendre foit capable de fentimens fi élevés : mais, quelque favorable augure que l'on puiffe concevoir des jeunes Princes qui en font animés, n'oublions pas que les plus grands maux pourroient naître un jour de ces mouvemens mêmes, fi leurs faillies impétueufes n'étoient pas réprimées par la Religion! Faites paffer, pour un moment, l'efprit de notre Loi fainte dans l'ame de ces Ambitieux célébres, dont les paffions bouillantes ont inondé la terre de carnage & de fang ; au lieu de ces images terribles, que l'Hiftoire nous préfente, de tant de Villes renverfées ou fumantes, de Citoyens égorgés fous leurs ruines ; vous ne verrez plus que des Peuples tranquilles, béniffant, dans le fein de l'abondance, les Princes bienfaifans qui préfident à leur bonheur : ou, fi quelquefois le foin d'une jufte défenfe les arrache à ces paifibles douceurs, ces orages paffagers ne ferviront qu'à leur rendre plus précieufe encore cette aimable paix qui fait l'objet de leurs défirs.

C'eft ce qu'avoient compris les Maîtres fages & éclairés, qui gravèrent dans l'ame de la jeune Princeffe, non-feulement les maximes & la morale de l'Evangile, mais encore les principes & les preuves
qui

qui devoient rendre sa foi inébranlable. . . . . Eh !
quoi ? Ministre d'une Religion qui commande éga-
lement le sacrifice de l'esprit & du cœur, viendrois-
je, à la face des saints Autels, justifier cette audace
criminelle qui voudroit arracher des secrets cachés
dans le sein de Dieu même , & dissiper les ténébres sacrées dont il se couvre ! Non, sans doute ,
Messieurs ; mais, en adorant les profondeurs Divi-
nes, on peut, on doit même arrêter ses regards sur
la Religion naissante, la suivre dans ses progrès ,
l'admirer dans son triomphe. Qu'il est beau de voir
ce foible arbrisseau, à peine apperçu dans un coin
de la Judée , étendre tout à coup ses rameaux sa-
lutaires, & envelopper l'Univers de son ombre ;
l'avenir dévoilé aux yeux des Prophêtes , la Nature
soumise à la voix des Apôtres, un Dieu sortant lui-
même du Tombeau, pour confirmer sa doctrine !
Ces merveilles éclatantes ont inspiré le courage
aux Confesseurs, ont fait couler le sang des Mar-
tyrs, ont confondu l'orgueil des Philosophes. Que
ces vérités sont bien propres à soutenir notre foiblesse ! Quelles armes victorieuses à opposer aux
vains sophismes de l'Impiété & du Mensonge ! Heureuse l'Ame fidéle, qu'une Foi humble & éclairée
défend tout à la fois , des illusions de l'amour-
propre , & des dangers de l'ignorance ! Tel a été

C

le bonheur d'AMÉLIE qui, en acquérant les con-
noiſſances relatives à l'art de régner, prit un ſoin
plus particulier encore de s'inſtruire dans la ſcien-
ce du Salut. Que ces ſaintes maximes germoient
facilement dans ſon cœur ! Elle trouvoit au-dedans
d'elle-même des ſentimens que la Raiſon confirme,
que la Religion épure ; ſes devoirs étoient toujours
d'accord avec ſon inclination ; & parmi ces devoirs, elle regardoit comme un des plus ſacrés,
celui qui, gravé dans tous les cœurs par la main
de la Nature, attache les enfans à leurs pères par
les liens du reſpect & de la reconnoiſſance. Ah !
s'il exiſte un homme aſſez inſenſible pour conte-
ſter un principe auſſi certain, ſans s'arrêter ici à le
confondre, il abjurera bien-tôt ſon erreur, ſi le
Ciel, dans ſa colère, lui donne un fils qui lui reſ-
ſemble. Ecartons ces ſiniſtres objets, & fixons nos
regards ſur une Princeſſe qui, dans ce genre de vertus, peut ſervir encore de modéle.

Ni la légéreté de l'enfance, ni les caprices de
la jeuneſſe n'altérèrent jamais la profonde vénération dont elle étoit pénétrée pour les auteurs de
ſes jours. Paroiſſoit-elle en leur préſence ? ſon ex-
térieur humble & modeſte, la tendre inquiétude
qu'on liſoit ſur ſon viſage, traçoient aux Courti-
ſans leurs devoirs, & fourniſſoient aux pères les

plus folides leçons. Le défir de plaire changeoit pour elle, le travail en plaifir, & lui faifoit trouver des fleurs au milieu des épines dont l'entrée des fciences eft femée : un figne d'indifférence dans des perfonnes fi chères, lui caufoit des peines qu'il étoit fouvent difficile de calmer. Éprouvoit-elle des marques de bonté, que l'éducation la plus févère ne profcrit pas toujours ? alors la vive reconnoif-fance faifoit couler de fes yeux des larmes déli-cieufes, qui donnoient à connoître que c'étoit pour elle un moindre avantage d'être née au milieu des grandeurs, que d'avoir été formée avec un cœur auffi fenfible. Puiffance paternelle, fi révérée dans l'âge heureux des Patriarches, fi recommandée dans les fiécles même du Paganifme, par les Philo-fophes, amis du genre humain ; fource & image de l'autorité des Rois ; gage le plus certain, & l'appui le plus ferme de l'honnêteté des mœurs : puiffance paternelle ! puiffiez-vous recouvrer par-mi nous votre antique fplendeur ! & , fi quelque main criminelle ou barbare ofoit vous porter l'at-teinte la plus légère , que tous les Citoyens s'u-niffent pour défendre ce rempart facré que, pour le bonheur des hommes, ont élevé de concert la Nature & la Religion.

O ! vous qui, après avoir fatigué le Ciel par

l'inſtance de vos vœux, êtes ſouvent forcés de gémir ſur les fruits d'une fécondité malheureuſe, re-
montez au principe de vos peines; ces ſentimens
naturels que vous réclamez avec tant d'ardeur,
dans vos enfans, c'eſt vous qui les avez étouffés!
Loin de vous occuper à faire éclore ces germes
précieux de reſpect & de tendreſſe, par un mê-
lange habile de douceur & de ſévérité, & ſur-tout
par des exemples vertueux que vous deviez à ces
Ames innocentes & pures, vos excès, vos complai-
ſances ont développé ces funeſtes penchans dont
vous pouviez couper la racine.

Pour vous montrer, Meſſieurs, toute la force
de l'éducation, je n'aurois beſoin peut-être, que
de vous faire obſerver les heureux effets qu'elle a
produits dans la jeune AMÉLIE: mais ſi ce grand
exemple vous frappe moins, par l'éloignement qui
en affoiblit l'éclat, la Providence a placé ſous vos
yeux, des vertus puiſées dans la même ſource, nour-
ries des mêmes leçons : ces vertus ſublimes ont
éclaté dans des momens trop intéreſſants, pour
craindre que nous en perdions jamais le ſouvenir!
Qui pourroit avoir oublié ces jours d'abattement
& de déſeſpoir, où la main du Seigneur fut prête
à nous ravir l'Héritier du Trône, ce Prince qui,
dans le rang le plus auguſte, connoît cependant

les devoirs de l'amitié, & n'eftime, dans la grandeur , que le pouvoir de faire des heureux ! S'il
eût été poffible de modérer nos allarmes, dans ces
inftans cruels , où tant de dangers menaçoient une
tête fi chère , c'eût été de fçavoir ; qu'une époufe
héroïque , plus forte que fon fexe, fon âge & fa
douleur , veilloit fans relâche les jours & les
nuits fur le dépôt précieux confié à fa tendreffe.
Combien de fois l'a-t-on vue, après avoir répandu
des torrens de larmes , cacher fous les apparen-
ces du calme & de la paix, le trouble mortel dont
elle étoit agitée ? Nous doutions alors , fi l'on devoit plus admirer en elle la grandeur de fon courage , ou les efforts de fon amour. Ah ! Meffieurs,
fi l'éducation peut conduire les enfans des Rois à
ce comble de perfection , que ne devons-nous
pas efpérer , nous qui pour arriver au même
but, n'avons pas à éviter les écueils dangereux qui
les environnent dès le berceau ? Les qualités brillantes de deux Princeffes nées pour le bonheur
du Monde , vous charment & vous tranfportent :
voulez-vous que vos enfans les imitent ? préparez
ces terres , encore neuves , avec une égale indu-
ftrie , & le Ciel, béniffant vos travaux , vous accor-
dera la plus ample moiffon.

Malgré des préfages auffi favorables pour la

jeune AMÉLIE, peut-être, ſans des ſoins continuels, eût-on vu s'évanouir tant de douces eſpérances : du moins, ſi l'attention la plus exacte & la
plus ſuivie, n'avoit pas dirigé ſes vertus naiſſantes,
on n'eût jamais admiré en elle ces progrès éclatans dont je dois vous entretenir, & qui feront le
ſujet de la ſeconde Partie.

SECONDE PARTIE.

Un avantage inſéparable de la naiſſance
Royale, c'eſt que dans ce haut dégré d'élévation,
le vrai mérite répand une lumière ſi vive, qu'il
n'a point à redouter l'obſcurité, la jalouſie, ni le
menſonge. Tandis qu'un ſort moins glorieux enſe-
velit ſouvent dans l'ombre, la conduite la plus digne de nos éloges, les vertus des Souverains, ex-
poſées au plus grand jour, fixent le regard ſuperbe
de la Renommée ; elle s'empreſſe à recueillir leurs
actions, & ſa voix éclatante en inſtruit bien-tôt
l'Univers. Parmi les enfans des Rois, dont elle ſe
plaît à nous entretenir, la Princeſſe de Saxe mé-
ritoit une place trop diſtinguée, pour ne pas réunir ſur elle l'attention des Peuples : ſa réputation,
déja répandue dans les Cours de l'Europe, avan-
çoit ſes auguſtes deſtinées, & devoit bien-tôt la

placer fur le Trône. Cette Reine célébre, dont la gloire avoit fait fur la jeune AMÉLIE , une impreffion fi forte, crut entrevoir en elle des qualités propres à favorifer fes vues , & à feconder fes plus nobles projets. Toute occupée des intérêts d'un fils qu'une politique heureufe avoit enfin couronné , elle penfa que le vrai moyen d'affermir une autorité naiffante , étoit d'attacher au jeune Roi , par des nœuds facrés , l'objet le plus capable d'infpirer à de nouveaux Sujets , le refpect & l'amour. Un choix auffi important fut bien-tôt déclaré ; & les Miniftres d'Efpagne allèrent demander avec inftance , à la Cour de Drefde , une Princeffe âgée de quatorze ans. Ames fières & ambitieufes , qui connoiffez fi peu les droits de la Nature , pourrez-vous pardonner à la tendre AMÉLIE , les larmes que cette nouvelle lui fit répandre ? Ni les circonftances d'un choix glorieux , ni les charmes d'une Couronne , ni l'impatience d'un époux digne de toute fa tendreffe ; rien ne peut balancer les premières impreffions de fa douleur. Ces lieux , ces objets fi chers à fon enfance, vont difparoître devant elle : Attachée par les liens les plus doux, à cette terre qui l'a vu naître, quel chagrin de s'en éloigner, & de la quitter pour toujours ! Elle ne peut penfer , fans frémir , qu'il faudra bien-tôt s'arracher pour ja-

mais des bras paternels, où tant de fois elle a goû-
té les délices les plus pures ! En un mot, elle en-
visage le moment qui doit placer le Diadême sur
son front, comme une victime tremblante voit
arriver l'instant du Sacrifice.

Jusqu'ici, Messieurs, la jeune AMÉLIE ren-
fermée dans le sein de son auguste Famille, n'a pu
vous offrir que des vertus assorties à son âge & à
son état. Une carrière plus brillante va s'ouvrir devant elle. Déja je la vois sur le Trône des deux
Siciles, développer son ame toute entière ; & par
son exactitude à remplir tous les devoirs que le
rang suprême lui impose, par son zèle pour la Religion, par la fermeté de son esprit, par la grandeur de son courage, & sur-tout par sa Piété constante, présenter aux Souverains les plus sublimes
leçons.

Dans ce jour consacré à la douleur, je ne retra-
cerai point ces Fêtes pompeuses & brillantes, par
lesquelles tout un Peuple fit éclater les transports
de sa joie, en voyant monter sur le Trône de Naples, une Princesse dont la réputation & la jeu-
nesse sembloient annoncer de si beaux jours. J'écarte
ces images importunes d'un bonheur qui n'est plus,
afin de fixer toute votre attention sur une conduite pleine de discernement & de sagesse, qui
mérita

mérita l'eftime de ces juges févères & pénétrans, accoutumés à ne reconnoître dans les Princes même , que des vertus confacrées par l'examen le plus rigoureux : & en effet , quelle idée ne devoit-on pas fe former d'une jeune Reine qui, tranfportée tout-à-coup fur un Théâtre , où la curiofité, le zèle du bien public, l'amour de la Patrie, raffembloient une foule de Spectateurs intéreffés à la connoître , fçavoit déja fatisfaire la vanité des Grands , fans bleffer les droits de la Majefté , & faire tomber fur les derniers Sujets , des regards de bonté , où les fignes les plus aimables annonçoient fon caractère & leur bonheur ! Mais quoi ? Parmi tant d'hommes fi oppofés par le génie, les opinions & les mœurs, dans ces premiers momens où la jeune Reine, pour marcher dans une route fi épineufe , n'étoit encore guidée par aucune expérience, eft-il bien vrai qu'elle ait pu éviter toute erreur, & réunir tous les fuffrages ? Non ; & je ne craindrai point que ma voix confacrée à fon éloge , faffe ici un aveu dont fa mémoire puiffe être offenfée ; foit raifon, foit caprice, il fe rencontra des efprits, ou févères ou bizarres, qui osèrent accufer la Reine d'éloigner par un air trop impofant, des cœurs qu'elle devoit penfer à rapprocher par l'amour. Sans s'arrêter fur ces plaintes équivoques,

D

ce qui fera pour elle la matière de la louange la plus rare ; c'eſt que, dans un âge où la moindre leçon nous aigrit ou nous importune, dans un rang où l'on ne veut entendre que d'agréables menſonges, elle ſouffrit, elle eſtima, elle chérit le zèle courageux qui oſa porter juſqu'à elle ces vaines rumeurs : c'eſt qu'elle eut la force de douter & de ſe condamner, en quelque ſorte, elle-même, en réformant ſon maintien ſur ces reproches : c'eſt qu'elle réuſſit bientôt, par l'affabilité la plus douce, à en effacer juſqu'au plus léger ſouvenir. Heureux les Princes, qui ſçavent inſpirer à un Sujet aſſez de confiance, pour faire pénétrer la Vérité juſqu'au Trône d'où tant de paſſions, tant d'intérêts divers ſemblent l'avoir exilée pour toujours !

Il étoit impoſſible qu'une Princeſſe, auſſi attentive à ſe concilier tous les cœurs, ne fût pas animée du déſir le plus vif de plaire au Monarque dont elle étoit deſtinée à faire le bonheur. L'Eſprit Saint nous aſſure qu'une femme vertueuſe eſt un préſent du Ciel, réſervé pour un époux dont il veut combler la gloire, & avancer la félicité. Le jeune Roi, qui venoit de recevoir des mains de la Religion, un tréſor ſi précieux & ſi rare, connut bien-tôt par lui-même, que le Sei-

gneur eft toujours vrai dans fes oracles, & magnifique dans fes dons. Les attentions prévenantes,
les foins empreffés, les charmes fi puiffans de l'in-
nocence & de l'ingénuité, firent connoître à ces
cœurs vertueux, des délices fouvent ignorées de
la grandeur, & dont elle eft cependant fi peu dé-
dommagée par les froideurs, les dégoûts, les caprices, fuites néceffaires de l'orgueil & de l'indifférence. Mais tandis que la paix, l'amitié, la tendreffe répandent à l'envi fur ces époux fortunés, leurs faveurs ineftimables ; tandis que la Reine
communique à tous ceux qui l'environnent, une
partie de cette joie pure & innocente, dont chaque inftant augmente la douceur : cette Princeffe,
défendue jufqu'alors par une jeuneffe vive & brillante, voit tout-à-coup fes beaux jours s'obfcurcir ;
&, à peine montée fur le Trône, elle femble tou-
cher au moment de defcendre dans le Tombeau !
Que vos voies font admirables, ô mon Dieu !
Dans ces révolutions fubites, où l'homme charnel
ne découvre que les fignes de votre colère, qu'il
eft facile d'appercevoir des traits de vos miféricordes ! Vous n'approchez cette jeune victime de
l'autel du Sacrifice, que pour vous attacher plus
étroitement une Ame foible encore, & qui pouvoit s'égarer par l'excès même de fon bonheur !

D ij

Content de la voir ſoumiſe aux décrets adorables
de votre Providence, vous la rendez aux vœux d'un
Royaume où elle doit travailler à l'accroiſſement
de votre gloire. Pénétrée du bienfait qui la rap-
pelle à la vie, cette Reine vertueuſe n'eſt point
ſatisfaite de quelques témoignages éclatans d'une
reconnoiſſance paſſagère ; elle veut que l'activité de
ſon zèle répare avec uſure des momens perdus
pour les intérêts de la Religion.

Tandis que ſon auguſte époux s'applique ſans
relâche à préparer le bonheur de ſon Peuple ; tandis qu'il s'étudie à manier les eſprits, à conduire
ces reſſorts politiques, qui aſſurent la tranquillité
des Etats, & aménent l'abondance, elle le con-
jure, avec les inſtances les plus vives, de réparer
les bréches faites à la Maiſon du Seigneur, &
d'effacer la honte du Sanctuaire : elle ne ceſſe de
lui rappeller que, ſi la main du Tout-puiſſant ne
poſe elle-même les fondemens de l'édifice, malgré
un long amas de proſpérités & d'honneurs, la Cité
la plus floriſſante peut s'écrouler dans un moment,
& étonner l'Univers par ſa chûte & ſes ruines. Heureux fruits d'un zèle ardent & éclairé ! L'Egliſe de
Naples recouvre ſon premier éclat, & le Peuple
applaudit au choix de ſes Miniſtres : les Loix les
plus ſages mettent un frein à la licence : la Piété

consternée jusqu'alors, respire à l'ombre du Trône : l'esprit novateur & inquiet se voit contraint d'abjurer ou de cacher son impiété & ses mensonges. Touché des soins d'une Princesse jalouse de l'honneur de votre culte, vous daignâtes, ô mon Dieu, couronner sa ferveur, &, par une heureuse fécondité, ajouter un nouvel éclat à sa gloire.

S'il est agréable de se voir renaître dans sa postérité, c'est une satisfaction bien plus grande encore de communiquer, pour ainsi dire, un nouvel être à de tendres rejettons, en les disposant de bonne heure à recevoir, sans obstacle, les douces impressions de la vertu. Quelle joie plus touchante & plus pure, que celle d'observer ces plantes précieuses, d'y remarquer de jour en jour, un développement presque insensible, de les suivre jusqu'à leur parfait accroissement! Une occupation si consolante, fut bien-tôt celle d'une Reine qui chérissoit encore sur le Trône l'aimable simplicité de la Nature. Persuadée qu'une attention constante avanceroit, dans ses enfans, le moment de la Raison toujours trop lente à éclore, elle leur consacra toutes les heures que tant de mères mondaines prodiguent sans scrupule, aux langueurs de la mollesse, ou aux vaines recherches d'un luxe frivole & criminel.

Quelques années s'étoient rapidement écoulées dans ces douces occupations, lorſqu'un orage imprévu, fondant tout-à-coup ſur le Royaume de Naples, ce vaiſſeau que la ſageſſe retenoit dans le Port, fut entraîné au milieu des vagues écumantes, & expoſé à toutes les horreurs du naufrage. La guerre allumée entre deux Nations célébres, répandit ſon funeſte embraſement ſur ces belles contrées : le Roi, raſſemblant ſa Nobleſſe accourue en foule pour le défendre, partit auſſi-tôt pour ſauver la Patrie. Dans ces inſtans critiques, repréſentez-vous, Meſſieurs, une jeune Reine qui, comblée juſqu'alors des faveurs de la Fortune, ignoroit encore ſes caprices & ſes revers. Que de circonſtances cruelles ſe réuniſſent à la fois, pour accabler ſon courage! Il faut qu'une fuite précipitée l'arrache à ces Palais ſuperbes, où tout lui préſente l'image de la plus délicieuſe abondance! Et dans quels lieux va-t-on lui chercher un aſyle? C'eſt dans une Forthereſſe deſtinée plutôt à renfermer des coupables, qu'à ſervir de retraite à des Souverains. Là, menacée de voir hâter le moment de mettre au jour un nouvel appui du Trône; privée de toutes ces ſuperfluités délicates que le luxe des Grands a rendues ſi néceſſaires; environnée de femmes éplorées & tremblantes, elle redemande en vain ce Roi si cher, dont la préfence pourroit feule adoucir fes malheurs. Que dis-je ? Le Roi même, par tous les dangers auxquels il s'expofe, livre l'époufe la plus tendre à des allarmes fi vives, que l'intrépidité la plus mâle pourroit à peine en triompher.

Cependant, infenfible en apparence à tant de maux, on n'entend point la Reine s'échapper en plaintes ou en murmures : dévorant en fecret, fes mortelles douleurs, elle ne paroît occupée qu'à faire renaître dans tous les cœurs la force & la confiance. Perfuadée que les Peuples obfervent leurs deftinées fur le front des Maîtres qui les gouvernent, elle ne laiffe appercevoir que de douces inquiétudes, toujours tempérées par les rayons de l'efpérance...... Accourez, jeune Héros ! Venez rendre la vie à une Princeffe magnanime, dont la fermeté mérite autant d'éloges que votre courage ! quelle joie pour elle, de revoir un Epoux qui lui a couté tant d'allarmes ! Quel plaifir d'entendre partout raconter que dans les champs de Vélétry, fa bravoure, fecondée par un des plus grands Généraux de notre Siécle, a vaincu l'Ennemi dont l'heureufe témérité avoit mis d'abord en danger les jours & la liberté du Monarque ! Puiffe une paix conftante & durable écarter à jamais ces funeftes

horreurs! Puiffent des qualités fi brillantes, impri-
mer dans tous les cœurs des fentimens immortels
de fidélité & d'amour!

Si les hommes n'écoutoient que les confeils de
la Raifon, & la voix de la Confcience, jamais la
Puiffance légitime n'auroit rien à redouter de ces
efprits turbulens & ambitieux, toujours prêts à im-
moler la Patrie à leur intérêt perfonnel; mais l'Hiftoire de tous les temps l'a juftifié; le Peuple eft
dans la main des Grands un inftrument qu'ils font
mouvoir fans réfiftance au gré de leur caprice:
alors les mêmes paffions qui troublent quelquefois
les Royaumes les mieux affermis, confpirent plus
volontiers contre une autorité naiffante, & réu-
niffent tous leurs efforts pour donner à un Trône
encore chancelant, les plus violentes fecouffes.
Au milieu du calme & de la paix, lorfque l'abondance & le bonheur public fembloient affurer davantage le repos & l'obéiffance, la Ville de Naples
vit tout-à-coup une populace innombrable, abu-
fée par de vaines frayeurs, animée par le menfonge ou l'artifice, éclater en murmures, courir
aux armes, ne refpirer que la fédition & la révolte;
le jour, le lieu, le moment, tout fembloit con-
courir à augmenter les défiances & les allarmes.
Le Roi étoit prêt à fe rendre, felon fa coutume,

à

à une de ces Cérémonies folemnelles, où les Miniftres de l'Autel déployent toute la pompe de la
Religion : nulle route, nul chemin pour y arriver,
qu'en traverfant une place immenfe inondée d'une
multitude de furieux & de coupables. La Cour en
fufpens, héfite fur le parti qu'on doit prendre : la
Reine n'écoutant que les inquiétudes de fa tendreffe, alloit conjurer fon époux de fe dérober au
danger. . . . . mais bien-tôt, rappellant fa grande
Ame, elle comprit que, dans ces émotions popu-
laires, montrer la crainte, c'eft infpirer l'audace ;
qu'il eft des momens, où braver le péril c'eft en
triompher ; elle applaudit aux fentimens généreux
du Roi, qui brûloit déja d'impatience de montrer
fon front augufte à cette populace mutinée ; &,
par des regards d'indignation, elle réduit au filence
le Courtifan lâche ou flatteur, qui n'eût pas rougi
de facrifier à fa politique ou à fa crainte, la fureté
& l'honneur du Souverain. L'heureux retour du
Monarque, dont la feule préfence avoit diffipé les
factieux, fit connoître aux plus aveugles, la fa-
geffe des confeils de la Reine, la fermeté de fon
efprit, & la grandeur de fon courage. C'eft aux
pieds des Autels ; c'eft dans le fein de la Religion
même ; c'eft dans les épanchemens les plus tendres, dans des communications intimes & fré-
quentes avec fon Dieu, qu'elle alloit puifer

cette force plus qu'humaine ! Si une main invisible & toute - puissante ne l'avoit pas soutenue, n'eût - elle pas succombé aux épreuves cruelles qui, dans les dernières années de sa vie, portèrent à son cœur les coups les plus sensibles ? Epreuves terribles, dans lesquelles elle a montré cette sagesse consommée & cette constance inébranlable, où je trouve les derniers traits de son éloge.

COMMANDER aux hommes & faire leur bonheur, voir accroître chaque jour sa gloire & sa réputation ; jouir encore de ces belles années qui semblent interdire tout accès à la vieillesse & à la mort ; être environné d'une postérité nombreuse qui donne l'espérance de voir transmettre nos vertus à la génération qui doit suivre ; faire les délices d'un époux dont on a mérité la confiance & l'attachement ; être enfin parvenu à goûter la joie inaltérable d'une conscience pure & tranquille : s'il étoit une félicité humaine, c'est sans doute à ces traits qu'il faudroit la reconnoître. Mais, ô néant des plaisirs & des grandeurs du Monde ! Prétendonsnous saisir ce vain phantôme qui nous égare & nous abuse ? il se dérobe à nos foibles mains, & ne nous laisse, pour prix de nos efforts, qu'une ombre légère, qui disparoît & s'évanouit !

La Reine d'Espagne jouissoit de la destinée la plus brillante, quand celui qui dispose des Rois & des Empires, renversa tout-à-coup de son souffle puissant, ce fragile édifice de prospérité & de bonheur. Sa santé s'altérant par dégrés insensibles, elle tomba dans une langueur qui corrompit bien-tôt toute la douceur de sa vie. Les objets qu'elle avoit contemplés jusqu'alors avec tant de plaisir, la plongeoient dans une sombre tristesse, dont rien ne pouvoit suspendre les effets. Les idées les plus sinistres avoient chassé de son esprit les riantes images qui accompagnent les beaux jours. Au milieu du tumulte du Monde, dans le secret de la solitude, jusqu'aux pieds des Autels; par-tout elle retrouve l'ennemi dont tous ses efforts ne peuvent écarter les approches. Qu'une Ame courageuse n'ait à lutter que contre la douleur, l'espoir d'en voir bien-tôt modérer les atteintes, pourra lui donner la force d'en triompher : mais comment résister à une noire mélancolie qui nous obséde, à un dépérissement funeste qui ne laisse appercevoir d'autre terme que le Tombeau ? Conserver alors la douceur & la paix; ne penser qu'aux moyens de faire goûter aux autres ce bonheur qui nous échappe; trouver dans ses peines un nouveau motif à sa ferveur ; c'est le triomphe du Christianifme, & cette victoire n'eft réfervée qu'aux Héros de la Religion. O Dieu de juftice & de bonté! vous avez dit que vous mefureriez toujours la tentation à nos forces : mais n'eft-ce pas démentir vos faints oracles, que d'appefantir encore votre main fur une Princeffe déja trop accablée fous le poids de fes propres malheurs?

AMÉLIE, en montant fur le Trône des deux Siciles, n'avoit point oublié ces beaux climats qui l'avoient vu naître. L'amour de la Patrie, ce fentiment fi naturel aux belles Ames, entretenoit toujours dans fon cœur l'intérêt le plus tendre : quelle fut donc fa douleur d'apprendre que ces champs autrefois fi fortunés, étoient devenus le fanglant Théâtre de la guerre & de toutes fes horreurs ? O Saxe! tant de fois abreuvée du fang des Vainqueurs & des Vaincus, pourrois-tu croire qu'une Reine élevée dans ton fein, ait vu, fans être attendrie, ce fein maternel déchiré par des fureurs inouies à tous les âges, & réfervées à notre fiécle ? Pour bien connoître les enfans, rappelle-toi leur illuftre mère. Tandis que ton Roi alloit préparer des reffources à tes malheurs, tu l'as vue, cette mère intrépide, affronter tous les périls, ofer attendre l'ennemi dans les murs de ta Capitale, pour en écarter, s'il étoit poffible, les crimes de la Victoire! Elle n'a pû survivre à ton infortune : & tu as pleuré sa mort, comme le plus grand de tes maux, & le comble de tes malheurs !

Ne craignez point, Messieurs, que, sous prétexte d'honorer la piété de la Reine d'Espagne, j'affoiblisse la douleur profonde que lui fit ressentir la perte d'une mère si magnanime & si tendre. Dans ces redoutables instans qui font gémir la Nature, le Dieu que nous servons ne condamne point nos larmes ; & la Religion, qui proscrit la foiblesse des cœurs bas & charnels, réprouve encore plus la fermeté barbare des Ames insensibles. Pleurons les auteurs de nos jours, lorsque la mort nous les enleve : mais, à l'exemple d'AMÉLIE, pleurons-les en Chrétiens ; adorons, dans une humble soumission, la volonté du Seigneur qui nous éprouve comme il veut & quand il lui plaît. Il pardonnera nos soupirs ; mais il puniroit nos murmures.

Au milieu de ces lugubres images, quelle pompe brillante vient s'offrir à mes yeux ! Quelle main a placé tant de Sceptres & de Diadêmes aux pieds d'une Reine infortunée ? Glaive du Seigneur, êtes-vous rentré dans le fourreau ! Est-ce pour le bonheur des hommes, qu'une Princesse, instruite depuis long-temps à régner, va s'asseoir sur un des premiers Trônes de l'Univers ? Jusqu'ici, livrée toute entière à l'intérêt de son Peuple, elle n'a pu donner que ses trésors & ses larmes aux maux de l'Europe & de sa Patrie : les grandes destinées qu'elle doit remplir, vont peut-être déposer entre ses mains le sort du Monde. Déja l'Espagne nouvellement affligée par la mort soudaine de ses Princes, sent renaître ses plus douces espérances, & s'applaudit d'être gouvernée par les mêmes vertus dont l'éloignement a répandu dans le Royaume de Naples la tristesse & la douleur. Quelle satisfaction de voir ses nouveaux Maîtres signaler les prémices de leur Régne, par des preuves éclatantes de l'administration la plus sage, de l'équité la plus exacte & de l'affection la plus tendre !... Que la prospérité des hommes est fragile, & que leurs joies sont de courte durée! Les chants d'allégresse vont être changés en des cris de douleur & de désespoir ; ces Peuples fortunés & tranquilles auront à peine connu le prix du bien qu'ils possédent, & ils se verront réduits à pleurer une Reine devenue l'objet le plus doux de leur amour & de leur reconnoissance. Grand Dieu ! n'avez-vous donc assemblé tant de Couronnes sur sa tête, qu'afin que de si magnifiques dépouilles rendissent encore plus superbe le triomphe de la mort ? Quoi, si-tôt enlever aux Nations une Princeffe vertueufe , & dans le moment peut-être que , vaincu par la ferveur de fes prières & de fes vœux, vous euffiez fait defcendre fur la terre cette paix fi défirée , dont quelques Puiffances injuftes ou aveugles s'efforcent d'empêcher le retour !

Quoique frappée avant l'âge où le faint Roi Ezéchias trouvoit fi cruel de mourir , la Reine voit arriver fa dernière heure fans en être ébranlée , accoutumée à envifager la mort d'un œil Chrétien ; cette mort qui nous glace d'effroi , a perdu pour elle toute fon horreur. Animée par la foi la plus vive , foutenue par une jufte confiance dans les miféricordes de fon Dieu , elle voit s'ouvrir devant elle les portes de l'Éternité ; la paix, la férénité brillent encore fur un front déja défiguré par les ombres du trépas. Elle demande fes enfans ; une vûe fi chère femble arrêter fon Ame fugitive ; elle les embraffe ; elle tourne fes regards mourans fur fon augufte Époux ; & fes derniers foupirs font encore des vœux pour fes Peuples.

Que le Monde fe taife enfin ; ce Monde injufte qui n'exige tant de perfection dans les vrais Chrétiens , que parce qu'il efpère ne la rencontrer jamais. Les jours de la Princeffe que nous pleurons , ont été confacrés au bonheur des hommes ; que fa mort nous foit encore utile. L'Eglife, en permettant à fes Miniftres de faire entendre dans le Temple faint les louanges des Ames héroïques, ne fe propofe pas feulement d'honorer leur mémoire; toujours attentive aux befoins de fes enfans, elle effaye, à la vue de ces grands modéles, de ranimer notre courage & de confondre notre foibleffe. C'eft à vous, Meffieurs, d'entrer dans un plan fi fage, & d'apprendre à vaincre, en voyant triompher. Si les erreurs d'une jeuneffe criminelle, fi les défordres d'un âge avancé ont irrité le Seigneur, nous pouvons du moins fléchir encore fa colère par notre foumiffion dans nos peines, & par les faints travaux de la pénitence. Qu'un efpoir fi légitime foit affez puiffant pour nous faire rentrer dans les voies de la Juftice; afin qu'après avoir donné à l'expiation de nos crimes tous les momens que le Ciel nous réferve, nous puiffions participer un jour à la gloire de celui dont il eft écrit qu'*Il a été*, qu'*il eft*, & qu'*il fera dans tous les fiécles des fiécles.*

APPROBATION DU CENSEUR ROYAL.

J'AI LU, par ordre de Monfeigneur le Chancelier, l'*Oraifon Funébre de* TRÈS-HAUTE, TRÈS-PUISSANTE & TRÈS-EXCELLENTE PRINCESSE, MARIE-AMÉLIE DE SAXE, *Reine d'Efpagne*: A Paris en Sorbonne, ce 10 Juillet 1761. *Signé*, DE LORME.